MON PETIT VILLAGE À CROQUER

W0322683

LAROUSSE

Sommaire

eils pour la découpe et la cuisson des biscuits

nporte-pièces en forme de maisons hollandaises ont des motifs
our réussir une découpe parfaite, suivez les conseils suivants.

fois la pâte pétrie, faites-la réfrigérer de 30 minutes
heures.

ès avoir étalé la pâte, s'il fait chaud dans la pièce, remettez-la
nouveau au frais. Plus elle sera froide, plus la découpe sera
e et moins il y aura de risque qu'elle colle aux emporte-pièces.

nt la découpe, farinez très légèrement la surface de la pâte.
sez également les emporte-pièces dans la farine ou dans
ucre glace.

e la pâte reste coincée dans les replis de l'emporte-pièce,
t peut-être le signe qu'elle s'est réchauffée. Remettez la pâte
ante au frais, nettoyez l'ustensile et repassez-le dans la farine
e sucre glace.

nettez les biscuits 30 min au frais avant de les enfourner.

Sablés classiques
au beurre

PRÉPARATION : 10 MIN - REPOS : 30 MIN - CUISSON : 12 MIN

Pour 20 sablés

· 220 g de farine · 70 g de sucre glace
· 130 g de beurre à température ambiante · 1 jaune d'œuf

× Mélangez la farine et le sucre glace. Ajoutez le beurre en petits morceaux et effritez le tout du bout des doigts. Ajoutez le jaune d'œuf et malaxez pour obtenir une pâte homogène. Placez la pâte 30 min au frais.

× Étalez la pâte sur 5 mm d'épaisseur sur le plan de travail fariné et découpez des sablés à l'aide d'un emporte-pièce.

× Placez-les sur une plaque recouverte de papier sulfurisé. Enfournez pour 12 min à 180 °C.

Sablés lunettes

PRÉPARATION : 20 MIN - REPOS : 30 MIN - CUISSON : 12 MIN

Pour 6 sablés garnis

· 150 g de farine complète · 75 g de beurre froid
· 3 c. à soupe de sucre de canne · Confiture · Sucre glace

× Mélangez la farine et le beurre en dés pour former une sorte de sable. Ajoutez le sucre puis 2 c. à soupe d'eau pour obtenir une boule de pâte non collante. Couvrez de film alimentaire et placez 30 min au frais.

× Étalez la pâte sur 2 mm d'épaisseur et découpez-la à l'aide des emporte-pièces en faisant des paires : un sablé plein, un avec des ouvertures. Déposez-les sur une plaque recouverte de papier sulf

× Enfournez pour 12 min à 180 °C, puis laissez refroidir. Saupoudre les sablés avec l'ouverture de sucre glace. Étalez la confiture sur les sablés pleins et posez les sablés saupoudrés de sucre dessus.

Palets bretons

PRÉPARATION : 10 MIN - REPOS : 1 H - CUISSON : 15 MIN

Pour 30 palets

· 2 jaunes d'œufs · 75 g de sucre en poudre
· 80 g de beurre demi-sel ramolli · 120 g de farine
· 1 c. à café de levure chimique

- Fouettez les jaunes d'œufs avec le sucre. Ajoutez le beurre en peti morceaux, puis la farine et la levure, et pétrissez rapidement pour obtenir une boule de pâte. Couvrez de film alimentaire et placez 1 au frais.
- Étalez la pâte sur une feuille de papier sulfurisé sur 1 cm d'épaisse sur le plan de travail fariné et découpez des disques à l'aide d'un emporte-pièce.
- Déposez-les sur une plaque recouverte de papier sulfurisé et enfournez pour 15 min à 180 °C.

Biscuits
aux céréales et au chocolat

PRÉPARATION : 15 MIN - REPOS : 1 H - CUISSON : 10 MIN

Pour 15 biscuits

· 100 g de farine de sarrasin · 70 g de farine de châtaigne · 50
de farine de blé · 1 c. à café de bicarbonate de soude · 100 g de b
· 60 g de sucre roux · 1 œuf · 100 g de chocolat au lait

- Dans un bol, mélangez les farines et le bicarbonate au beurre cc en petits morceaux. Ajoutez le sucre et l'œuf. Mélangez de nouv Formez un boudin de pâte de 5 cm de diamètre et couvrez de fi alimentaire. Placez au réfrigérateur pour 1 h.
- Sortez le boudin et retirez délicatement le film. Découpez des tranches de 1 cm d'épaisseur, disposez-les sur la plaque du four recouverte de papier sulfurisé et enfournez pour 10 min à 180 ° Laissez refroidir sur une grille.
- Hachez le chocolat, faites-le fondre au bain-marie et nappez-en une face des biscuits. Laissez sécher à température ambiante.

Langues-de-cha

PRÉPARATION : 20 MIN - CUISSON : 10 À 12 MIN

Pour 30 biscuits

· 135 g de blancs d'œufs · 125 g de beurre demi-sel
· 145 g de sucre en poudre · 100 g de farine
· 1 gousse de vanille fendue et grattée

× Fouettez les blancs d'œufs en neige bien ferme. Faites fondre le beurre. Dans un saladier, mélangez le sucre, la farine et les gra de vanille, puis versez-y le beurre fondu. Mélangez, puis ajoutez très délicatement les blancs d'œufs en trois fois.

× Recouvrez une plaque à pâtisserie de papier sulfurisé ou d'un ta de cuisson en silicone. À l'aide d'une cuillère ou d'une poche à douille lisse, déposez sur la plaque des petites bandes de pâte de 5 cm de long, espacées les unes des autres de 2 cm.

× Enfournez pour 10 à 12 min à 180 °C, jusqu'à ce que les biscuit soient bien dorés sur le pourtour. Laissez-les refroidir.

VICHY ÉTAT

Petits-beurre

PRÉPARATION : 25 MIN - REPOS : 2 H - CUISSON : 12 MIN

Pour 30 biscuits

· 100 g de beurre · 5 c. à soupe bombées de sucre en poudre · 2 sachets de sucre vanillé · 250 g de farine · ¼ de sachet de levure chimique · 1 grosse pincée de sel

- Faites fondre le beurre avec les deux sucres et 5 cl d'eau à feu dc Laissez refroidir en remuant régulièrement.
- Tamisez la farine, la levure et le sel au-dessus d'un saladier. Ajout le contenu de la casserole. Malaxez avec une cuillère en bois, pui avec les mains. Enveloppez la pâte de film alimentaire et placez 2 au frais.
- Étalez la pâte sur 2 mm d'épaisseur sur le plan de travail fariné.
- Découpez les biscuits à l'aide d'un emporte-pièce. Déposez-les sur une plaque recouverte de papier sulfurisé. Enfournez pour 12 à 180 °C.

Galettes
à l'amande

PRÉPARATION : 15 MIN - CUISSON : 10 MIN

Pour 25 galettes

· 50 g de beurre ramolli · ¼ de c. à café de sel · 75 g de sucre en po
· 2 œufs + 1 œuf pour la dorure · 125 g de farine
· 25 g d'amandes en poudre

- Travaillez le beurre en pommade avec le sucre et le sel. Incorpore 2 œufs l'un après l'autre, puis ajoutez la farine en une seule fois et pétrissez rapidement. Rassemblez la pâte en boule.
- Étalez la pâte sur 3 mm d'épaisseur sur le plan de travail fariné. Découpez-y des disques à l'aide d'un emporte-pièce.
- Placez les biscuits sur une plaque recouverte de papier sulfurisé. Dorez-les à l'œuf battu et saupoudrez-les d'amandes en poudre. Enfournez pour 10 min à 180 °C.

Sablés diamants

PRÉPARATION : 10 MIN - REPOS : 1 H - CUISSON : 12 À 15 M

Pour 30 biscuits

· 150 g de beurre ramolli · 90 g de sucre en poudre · 1 jaune d
· 250 g de farine · 10 g de thé matcha · ½ c. à café de vanille en
· 80 g de sucre cristal

× Travaillez le beurre en pommade avec le sucre et le jaune d'œu
Ajoutez la farine et un peu d'eau, et malaxez juste assez pour former une boule.

× Divisez la pâte en deux, incorporez le thé matcha dans un pât
et la vanille dans l'autre. Formez 2 boudins de pâte de 3,5 cm de diamètre. Mettez-les 1 h au frais.

× Roulez les boudins de pâte dans le sucre cristal, puis coupez-le
en disques de 5 mm d'épaisseur. Déposez-les sur une plaque recouverte de papier sulfurisé. Enfournez pour 12 à 15 min à 1

Shortbread

PRÉPARATION : 10 MIN - REPOS : 1 H - CUISSON : 15 MIN

Pour 20 biscuits

- 225 g de beurre demi-sel ramolli
- 125 g de sucre glace
- 340 g de farine

× Travaillez le beurre et le sucre pour obtenir une crème lisse. Incorporez la farine petit à petit. Formez une boule, couvrez-la de film alimentaire et placez-la 1 h au frais.

× Étalez la pâte sur une feuille de papier sulfurisé sur 1,5 cm d'épaisseur et coupez des biscuits l'aide d'un emporte-pièce. Piquez la surface à la fourchette.

× Placez les biscuits sur une plaque recouverte de papier sulfurisé et enfournez pour 15 min à 160 °C.

Cookies à l'orange

PRÉPARATION : 15 MIN - CUISSON : 10 MIN

Pour 15 cookies

· 1 orange · 175 g de farine de blé complète
· 150 g de cassonade · 1 c. à café de levure chimique
· 1 œuf · 125 g de beurre demi-sel fondu
· 50 g de graines ou flocons

× Dans un saladier, mélangez la farine, la cassonade et la levure. Ajoutez l'œuf battu, le zeste de l'orange râpé, puis incorporez le beurre à l'aide d'un fouet.

× Formez des petites boules de pâte entre vos mains. Déposez-les sur une plaque recouverte de papier sulfurisé en les aplatissant légèrement. Parsemez de graines ou de flocons et enfournez pour 10 min à 180 °C.

Palets de dames

PRÉPARATION : 15 MIN - MACÉRATION : 1 H - CUISSON : 10 M

Pour 25 palets

- 80 g de raisins de Corinthe
- 8 cl de rhum (soit 5 c. à soupe)
- 125 g de beurre ramolli
- 125 g de sucre en poudre
- 2 œufs · 150 g de farine

× Faites macérer les raisins de Corinthe 1 h dans le rhum.

× Travaillez le beurre avec le sucre, puis incorporez les œufs, un par un. Ajoutez la farine, les raisins avec le rhum et une pincée de sel, et malaxez bien.

× Avec une petite cuillère, déposez des petits tas de pâte sur une plaque recouverte de papier sulfurisé. Enfournez pour 10 min à 200 °C.

Biscuits
aux noix de pécan

PRÉPARATION : 20 MIN - CUISSON : 15 MIN

Pour 25 biscuits

· 4 œufs
· 100 g de sucre en poudre
· 150 g de beurre ramolli
· 400 g de farine
· 200 g de noix de pécan concassées

× Battez les œufs, puis ajoutez le sucre et le beurre en fouettant. Incorporez peu à peu la farine, puis les noix de pécan et pétrissez rapidement.

× Façonnez un boudin de pâte, puis découpez-le en rondelles de 1 cm d'épaisseur. Déposez-les sur une plaque recouverte de papie sulfurisé, en les espaçant de 4 cm. Enfournez pour 15 min à 200 °

Galettes sablées
façon Pont-Aven

PRÉPARATION : 25 MIN - REPOS : 1 H - CUISSON : 10 À 15 MI

Pour 14 galettes

· 260 g de farine · 150 g de sucre en poudre
· 1 c. à café de levure chimique · 150 g de beurre demi-sel ram
· 4 jaunes d'œufs · 1 œuf entier pour la dorure

× Mélangez la farine avec le sucre et la levure. Incorporez le beurr puis les jaunes d'œufs un à un. Formez une boule et couvrez-la de film alimentaire. Placez 1 h au frais.

× Étalez la pâte sur 1 cm d'épaisseur sur le plan de travail fariné. Avec un petit emporte-pièce pièce rond ou une tasse, détaillez un maximum de disques.

× Déposez les disques sur une plaque recouverte de papier sulfuris Fouettez l'œuf restant et badigeonnez-en les galettes au pincea Réalisez des motifs sur les galettes avec la pointe d'un couteau. Enfournez pour 10 à 15 min à 180 °C.

Biscuits
chocolat-gingembre

PRÉPARATION : 15 MIN - REPOS : 20 MIN - CUISSON : 8 À 10 M

Pour 10 à 15 biscuits

· 130 g de muesli · 70 g de farine · 3 c. à soupe de sirop de ri
· 3 c. à soupe d'huile de sésame · 1 cm de gingembre frais
· 70 g de chocolat en morceaux

× Mixez le muesli en poudre et mélangez-le avec la farine, le sirop riz, l'huile de sésame et le gingembre finement haché pour obte une pâte souple. Formez une boule et placez 20 min au frais.

× Étalez la pâte sur 1 cm d'épaisseur sur le plan de travail fariné. Découpez-y des biscuits à l'aide d'un emporte-pièce et placez-le sur une plaque recouverte de papier sulfurisé. Enfournez pour 8 à 10 min à 180 °C.

× Pendant ce temps, faites fondre le chocolat au bain-marie.

× Immergez à moitié les biscuits refroidis dans le chocolat fondu e faites-les sécher sur une grille.

Crédits photographies
Fabrice Besse (st. B. Abraham) : p. 13 ; Fabrice Besse (st. A. Royer) : p. 11 ; Sophie Dumont (st. D. Lebrun) : p. 5, 9, 15 ; Amandine Honegger (st. S. Rost) : p. 17, 25, 27, 31 ; Marie-José (st. B. Abraham) : p. 23 ; Claire Louiset : p. 21 ; Claire Payen (st. V. Amiel) : p. 29 ; Aline Prin (st. I. Guerre) : p. 7, 19.

Crédits recettes
Bérengère Abraham : p. 12, 22 ; Vincent Amiel : p. 28 ; Isabelle Guerre : p. 6, 18 ; Delphine Le p. 4 ; Cypora Petitjean-Cerf : p. 14 ; Aude Royer : p. 8, 10, 20 ; Fonds Larousse : p. 16, 24, 26,

Direction éditoriale : Émilie Franc et Julie Martin
Direction artistique : Géraldine Lamy
Édition : Ewa Lochet
Couverture et coffret : Laura Filiberti
Conception graphique et mise en page : Delphine Chéret-Dogbo
Fabrication : Donia Faiz

Toute reproduction ou représentation intégrale ou partielle, par quelque procédé que ce so du texte et/ou de la nomenclature contenus dans le présent ouvrage, et qui sont la proprié de l'Éditeur, est strictement interdite.

ISBN : 978-2-03-608802-3 / EAN : 9782036088023 / Copyright : © Larousse 2025

Fabriqué et importé par les Éditions Larousse
21 rue du Montparnasse – 75006 Paris – France
LIVRES-LAROUSSE@larousse.fr

Imprimé en RPC par HH
Dépôt légal : octobre 2025
339890/01 – 11058995 – juillet 2025